聖經中十大惡人的啟示

The revelation from ten wicked people in the Bible

溫家明

目錄

目錄 1

序言 2

一 因怒氣而殺害兄弟的該隱 6

二 貪婪兇惡、反覆無常的埃及王法老 14

三 為貪戀權力殘殺兄弟的亞比米勒 26

四 因貪財以美色誘惑陷害伴侶的大利拉\ 32

五 淫亂邪惡至極的王后耶洗別 41

六 昏庸無主見的君王亞哈 48

七 施行種族滅絕的哈曼 55

八 詭詐兇殘無道的希律王 63

九 愛美人不愛江山的希律王安提帕 67

十 為財出賣恩師耶穌的猶大 72

結語 80

聖經中十大惡人的啟示
序言

　　此書的面世是因應在社會上普遍認為聖經只是一本宗教書籍，是信仰人士閱讀的專屬品———聖經或是提供信徒信仰上的一種主要養份來源，或是信徒過信仰生活的必需品，又或是信徒們每星期日上教堂必用的工具，所以對於沒有信仰的人而言，聖經與他們無關，也沒必要花時間去閱讀它。

　　尤其，當今社會生活節奏快，工作時間長，壓力強度高，消遣娛樂的選擇十分多樣，所以人們對時間的運用變得更講究，必須用在刀刃上，視所做之事是否能夠帶來最大價值的回報……。 其實，即使聖經作為普通讀物，也有相當的可讀性，一些高等學府的相關科系更用聖經作為教學材料和研究對象，這也是它為什麼能夠成為人類歷史上最暢銷的書。

　　聖經中新舊約全書洋洋 96 萬餘字，共 1189 章。其中舊約聖經中記載的年代，跨越西元前 4000 年，新約聖經記載的年份是從耶穌的時代開始，大概有 100 年。

舊約和新約是以耶穌基督作為時代的分水嶺：耶穌基督以前的記載為舊約，耶穌基督降生起為新約，正如我們常用的年份是以耶穌基督降生之年為西元元年。耶穌基督的耶穌，又稱"以馬內利"，即"上帝與你們同在"。基督則代表祂的身份是君王。

舊約主要以猶太人的希伯來文寫成，而新約則以希臘文寫成。現今社會出版事業蓬勃，書籍種類繁多；中文聖經也不例外。坊間隨處可找到多種不同版本或譯本的聖經，都是從原文或者其他語言翻譯而成的。本書則是採中文和合本作為寫作的依據。

中文和合本聖經於 1919 年首次翻譯完成並出版。當時正逢五四運動和新文化運動高峰之際，和合本在此時成書扮演著一個前瞻性的角色：大大地幫助並推動中國文學從文言文過渡到白話文的嘗試，消除了文言文難讀難學難懂之苦。在推動白話文運動的過程中，中文和合本聖經有著它一定的貢獻。

聖經共有 66 卷，當中舊約佔 39 卷，新約有 27 卷。40多位作者所處的時代、職業、身份與環境皆不同，當中有政治領袖、軍事家、牧羊人、猶太律法家、詩人、君王、醫生、漁夫和稅吏等，甚至不乏一介莽夫。

全書所用的體裁包括詩歌、敘事歷史書、警世良言、預言等等，增加了它的可讀性和多樣性。例如：著名的所羅門王所著的《箴言》和《傳道書》，說盡人間殘酷的現實和人性弱點。一句 "他心裡怎樣思量，他為人就是怎樣。" (《箴》23：7)，道破今天在政治、商業下人與人之間的偽善與虛浮。所羅門更提醒我們：達到 "成功" 的不二法門，就是以智慧行事，以公平公正待人。這與現代講求速成、一夜暴富，追逐低投入高回報、一本萬利的氛圍，形成了鮮明的對比。

如另一作者耶利米所說："人心比萬物都詭詐，壞到極處，誰能識透呢？"（《耶》17：9）本書中所列舉聖經中的十大惡人，並非指他們是聖經中最歹毒的人，也不是說聖經中只有十個惡人，更不是說他們的一生中全是行惡的。只不過想藉著這些人的行徑，思想他們行為背後的動機和結局。同時也反觀現今我們的為人處事，到底又有什麼分別？或許，他們的行為背後也有我們自己的身影。只不過是處境不同，後果迥異，但是性質可能類同。

我們閱讀時，不妨也可設身處地看看，換作是我，又會做出什麼樣的抉擇呢？所羅門曾說："時常行善而不犯罪的義人，在世上實在沒有。"（《傳》7：20）我們如這些惡人一般，在不同場合、不同背景和程度上，曾犯下與他們相似的錯誤。

本書只是一個嘗試，盼望拋磚引玉，引起讀者的反響和共鳴，從而以書會友：也許，我們將在下一個聖經中的十個故事裡相會，也未可知呢。

僅以此書獻給每一位追求自我增值的朋友。

祝願你享受在閱讀中的樂趣。

作者:

溫家明

一 因怒氣而殺害兄弟的該隱

生活年代： 上古時代。

聖經記載：《創世記》4：1-25

背景

關於該隱，我們知道的並不多，主要是記錄在舊約《創世記》(後面簡稱《創》) 中。作者是生於西元前 1400 年左右的摩西，《創》是他所著的五本書卷（又稱為摩西五經）中的首卷。

墮落

該隱，按照字意是"得著"。他是人類的第二代，父親是亞當。亞當的意思是眾生之父。而該隱的母親（即亞當的妻子）為夏娃，夏娃的意思是眾生之母，即所有人類的母親。

耶和華（上帝在舊約中的名）在創造亞當以先，創造了海裡的魚，天空的飛鳥和地上各樣動植物。之後，祂派亞當管理祂所創造的一切活物。

亞當所居住的地方，名叫伊甸園。只是當時亞當並沒有像其他動物一樣，成雙成對。所以耶和華說，這人獨居不好（參《創》2：18）。便叫亞當沉睡，並在他熟睡之際，從他的體內取出一根肋骨，為他造了一個配偶。

亞當說，"她是我骨中的骨，肉中的肉，可以給她取名叫女人。" 這是人類的第一對夫妻。之後，亞當又給他妻子取了一個名字：夏娃。

在耶和華所創造給亞當和夏娃的居所伊甸園內，有著各樣的動物和樹木。耶和華對亞當說，園內一切的果子他們都可以隨便吃。除了那棵分別善惡樹上所結的果子，因為如果他們吃了的話，他們便會死。（參《創》2：16-17）

令人遺憾的是，亞當和夏娃終歸沒有逃過蛇（魔鬼）的誘惑：如果吃了那果子，人就可以提升自己，有智慧像造物主一樣。在吃了上帝禁果後，人頓時對自己裸露的身體感到羞恥，而拿無花果樹的葉子為自己編裙子遮掩身體，不像之前的自在愉快。

不但如此，當他們聽見上帝的聲音時，還感到害怕，失掉原來與上帝面對面時的坦然，躲在樹叢中。在上帝與人的幾番對話後，耶和華上帝為他們用獸皮做了衣服後，把他們趕出伊甸園，又在伊甸園的東邊安設基路伯（即天使的一種，除了讚美上帝，也提醒人們上帝的莊嚴、榮耀和永在。編註）以及四面轉動發火焰的劍，把守通往生命樹的道路。

在亞當還沒犯罪的時候，土地會自動長出供他們吃的果子和菜蔬，這是他們所吃的食物。但當他們被逐出伊甸園後，生活便變得艱苦，要靠著勞動耕種汗流滿面才得糊口。

殺人

離開伊甸園後，亞當和他妻子夏娃生了該隱（即是得的意思）和亞伯。兩個男孩長大後，亞伯是牧羊的，該隱是種地的。人類開始有了不同的職業選擇，分工讓一切都平靜有序，和諧相處，相安無事。

不料，有天當兄弟倆都獻祭給耶和華時，耶和華只看中亞伯和他的供物——羊群中頭生的羊和羊的油脂，卻看不中該隱和他的供物——來自農地的產物。該隱因此就非常生氣，臉色大變。耶和華對該隱說："你為甚麼發怒呢？你為什麼變了臉色呢？你若行得好，豈不蒙悅納，你若行得不好，罪就伏在門前，它必戀慕你，你卻要制伏它。"（參《創》4：6-7）

在這裡，我們看到兄弟二人雖然同出一對父母，但是性格和喜好卻大不相同。雖然哥哥喜歡務農，弟弟喜歡牧羊，一家人本應幸福和諧相處，但是來到耶和華面前獻祭的時候，耶和華卻只悅納弟弟亞伯的供物。這不是因為上帝只喜歡動物為祭物（上帝是一切動物與植物的創造者），而是獻祭本身到底是出於表面功夫，還是信心？（參《希伯來書》11）

耶和華不光是看獻的祭物，更看中獻祭物之人的心。這就反映出人類的宗教大都分為兩類，一類宗教是靠著自身個人的行為努力，並在此不斷的身體力行，務求得到信仰上的昇華和最終的解脫，達到所持信仰的最高完美的境界；而另一種則是自知本身的軟弱和缺陷，並力有不逮，轉而尋求所信仰的至高者的施恩和提攜，並靠著至高者力量的幫助漸次的操練提升。

就好像舊約中的大衛王禱告："你本不喜愛祭物，若喜愛，我就獻上；燔祭，你也不喜悅。上帝所要的祭就是憂傷的靈；上帝啊，憂傷痛悔的心，你必不輕看。"（《詩篇》51：16-17）

怒氣

耶和華給予該隱的警告，說明原來好的行為和心態會把我們引向更祥和安穩的行動，反之，如果我們的舉動和心態出了問題，或是偏向歪道走入邪門，且越走越遠，那麼要回頭就更加困難。

之後，該隱與他兄弟亞伯說話；二人正在田間，該隱起來打他兄弟亞伯，把他殺了。耶和華對該隱說："你兄弟亞伯在哪裡？"他說："我不知道！我豈是看守我兄弟的嗎？"耶和華說："你作了甚麼事呢？你兄弟的血有聲音從地裡向我哀告。地開了口從你手裡接你兄弟的血。現在你必從這地受咒詛。你種地，地不再給你效力；你必流離飄蕩在地上。該隱對耶和華說："我的刑罰太重，過於我所能當的，你如今趕逐我離開這地，以致不見你面；我必流離飄蕩在地上，凡遇見我的必殺我。"耶和華對他說："凡殺該隱的，必遭報七倍。"耶和華就給該隱立一個記號，免得人遇見他就殺他。(《創》4：8-15)

人類的第一個家庭，竟然在第二代人就出現了家變的悲劇。兄弟反目成仇，並且還出現兄長殺弟的慘劇。

為什麼該隱如此的暴戾呢？相信問題並不在弟弟亞伯，因為弟弟沒有任何不當的言行，只是哥哥的脾氣對於不如意的事情反應過激，情緒失控。當人不自知地把憤恨和怨氣積累在心中，最終受傷的仍然是自己。正所謂忍一時風平浪靜，退一步海闊天空。

聖經說，"不可含怒到日落"(《以弗所書》4：26)。這句話的重點並非叫人去忘記別人的錯處，或是對自己的冒犯，而是我們要把帳簿上氣憤的負面情緒當天清理，免得對自身的健康（身體和心靈上）構成不良的影響。不懂得恰當的面對和處理自身情緒，都會成為因素導致高血壓、心臟病、中風、抑鬱症、食慾不振等病徵。

生活中點滴的不如意，諸如排隊時被插隊，開車時被隔壁線的車子搶在自己前面，被人誤會，錢財上的損失，等等。即使看似的小事，也會引發大的紛爭和怒氣。但換種思路去看，如，在速食店排隊時被別人插隊又如何？最終自己還是能買到想要的美食。如果充滿怒氣，即使買到了食物，也無法暢快地享受它的美味了。

　　該隱就是落在自身憤怒的黑暗中而無法自拔，任由仇恨積壓越過了一個危險的紅線，以至於殺死自己的弟弟。更可悲的是，該隱仍然認為全是別人的錯，自己是對的，而且別人的錯是不可原諒的。這樣一來，別人還是往常的祥和，而自己則飽受憤怒，怨恨之苦，抱有這種心態，值得嗎？

　　再看看該隱是怎樣回答耶和華。耶和華問他，你的兄弟亞伯在哪裡？他的回答是，我不知道，我豈是看守我弟兄的嗎？他的態度表明，他的憤恨不只在弟弟亞伯身上，他對上帝也帶著藐視的態度。原因無他，是因為耶和華沒有看中他和他的祭物，他從來沒有嘗試改變自己，他選擇了怨恨。該隱解決問題的方法其實可以很簡單，就是下次獻祭的時候,他只要帶著真誠悔改的信心獻上給耶和華。問題不就解決了嗎?

直等到耶和華揭發了他的罪行和宣告他罪行所帶來的懲罰和嚴重後果,他才感到現實難以接受,但絲毫沒有懊悔所犯下的罪行。該隱很是可憐,因為他一輩子被困在自己所設的憤恨當中,最悲哀的莫過於自此他必顛沛流離,再也不得見耶和華的面。這是極大的悲哀。

雖然後來他生下了兒子以諾,又建造了一座按著他兒子的名叫作以諾的城,作為他晚年時的一點安慰。而該隱的父親,就是眾生之父亞當,忍受了喪子之痛,家變之苦後,終於 130 歲時生了一個形象樣式和自己相似的兒子,起名叫塞特。

聖經說,亞當後來又多活了 800 年且生兒養女。

二 貪婪兇惡、反覆無常的埃及王法老

生活年份： 約西元前 1526 至 1406 年

聖經記載：《出埃及記》1-12

背景

以色列人又稱為希伯來人。他們的祖先是亞伯拉罕，原名叫亞伯蘭，本住在吾珥（即現今的伊拉克國境內）。75 歲的時候，領受呼召離開族人與父家，往耶和華所指示的迦南地去（即現今以色列國和巴勒斯坦人居住的地方），上帝還應許將要使他的後裔成為大國（《創》12：1-2）。

在迦南，亞伯拉罕的孫子雅各生了 11 個兒子。由於雅各偏愛幼子約瑟，導致約瑟遭到兄長們的妒忌和惱恨，甚至合謀把他賣給外族以實瑪利人，並向父親雅各謊稱他們的弟弟是被野獸吃了。

然而約瑟經過十多年的輾轉艱辛，在耶和華暗中的保護下，竟然一度從一名囚犯最後當上了埃及的宰相。

當時適逢天下有大饑荒，宰相約瑟因著有上帝異夢的啟示，在埃及地預先做了準備，有充足的儲糧。等約瑟的哥哥們來到埃及地買糧食時，約瑟不計前嫌，最終與哥哥們相認，並請尚主允許在迦南地的全家 70 人來到埃及，定居在歌珊地，以畜牧為業。

然而歲月匆匆，幾代人過去。當有不知約瑟的新法老王即位後，以色列人在政治上便失去了保護，再加上他們善生養，人口極速增長，對埃及人造成了威脅，招致忌憚，受到埃及政府的苦待。如此，他們在埃及待了 400 年之久。

不僅如此，為了遏制以色列人對埃及造成的潛在風險，法老王不但用盡了一切手段，以苦工來奴役他們，還殺害所有剛出生的以色列男嬰，只保存女嬰。

摩西

摩西就是在此時期生下來的。他的母親把他偷偷養到 3 個月大，實在藏不住了，便把他放在一個箱子裡，擱在河邊。剛巧法老的女兒到河邊洗澡，發現了這個希伯來嬰兒。因心生憐愛，就在不知情的狀況下，透過一個小女孩熱心的推薦，僱用摩西生母為奶媽將他抱回家哺養。等孩子比較大些後，才送回王宮為養子。

摩西這個名字，就是法老女兒取的，意思是"因我把他從水里拉出來"。

在摩西 40 歲那一年，憑著一股打抱不平的血氣之勇，趁四下無人時殺死一名欺負希伯來人的埃及人。當事蹟敗露之後，便從王宮出逃，流亡到米甸地成為牧羊人，娶妻生子，過著隱世生活。

當他 80 歲時，耶和華因聽見以色列人苦情和哀怨，便要拯救他們於水火之中。耶和華便向摩西顯現，呼召他和哥哥亞倫到王宮，請法老王容讓以色列人離開。可是當時埃及國的勢力正是如日當中，在世上是獨一無二的超級霸權。

當摩西和哥哥亞倫見法老向他提出要求："耶和華以色列的上帝這樣說：'容我的百姓去，在曠野向我守節。'"法老說："耶和華是誰，使我聽祂的話，容以色列人去呢？我不認識耶和華，也不容以色列人去！(《出》5：1-2)

法老不僅不應允他們所求的,反而使他們作更苦的工,讓他們擔更重的擔子。堂堂世界霸權的一國之君,又怎能聽從這兩個無名小子的請求呢?從情理來說,要法老應允他們的所求,簡直是天方夜譚,對於一個來歷不明的耶和華神明,又豈能輕而信之?

　　因著法老的硬心,耶和華把災禍一次又一次的降在埃及。而這些災禍一個比一個厲害,破壞力一個比一個嚴重。這些災禍一共有 10 次。而以色列人聚居之歌珊地,卻絲毫沒有受到影響。

十災

　　這些災禍先後簡列如下:水變血之災、蛙災、虱災、蠅災、畜疫之災、瘡災、雹災、蝗災、黑暗之災、擊殺埃及長子之災。

一、水變血之災

　　摩西、亞倫照耶和華所吩咐的行,亞倫在法老和臣僕眼前舉杖擊打河水,河裡的水都變成了血,河裡的魚死了,河也腥臭了,人們就不能喝河水,或如日常使用河水洗滌。然而法老卻轉身進宮,不把這事放在心上，自然也就不肯讓以色列人離開埃及地，他心高氣傲可見一斑。

二、蛙災

摩西吩咐兄長亞倫把杖伸在江、河、池以上，難以計數的青蛙便紛紛爬到地上：道路、庭院、內室，甚至餐桌、床榻都爬滿了呱噪噁心的青蛙，簡直無孔不入。這回法老王開始感覺到有一點壓力。他便召了摩西、亞倫來，說，請你們求耶和華，使這些青蛙離開我和我的民，我就准你們這些百姓去祭祀耶和華。

於是摩西呼求耶和華，耶和華就照摩西的話行，凡在房裡院中田間的青蛙都死了，人們把蛙屍聚攏成堆，腥臭難以形容……不料，見災禍解決，法老又反悔了。

如此的一國之君，竟在全國大臣和長官面前出爾反爾，毫不慚愧。而他的朝臣們或有非議，也不成氣候。此國君豈能取信於民而立足天下？常言道，人無信不立，法老此等低劣的品德，只會令天下人鄙視。

三、虱災

於是，耶和華透過摩西對亞倫說，伸出你的杖，擊打地上的塵土，使塵土在埃及遍地變作蝨子。這樣，埃及遍地的塵土都變成蝨子，埃及人和牲畜都因為身上有不絕的蝨子，而痛苦困擾到不得了。可嘆法老仍硬著心，不為所動。

四、蠅災

在同樣的請求再度被拒絕後，耶和華就讓大量的蒼蠅進入法老的宮殿和他臣僕的房屋。不得已，法老召了摩西、亞倫來說：你們去，在這地祭祀你們的神吧。這是對他們要求的妥協，而不是同意他們原來的訴求：到曠野走 3 天的路程，照著耶和華所要吩咐他們的祭祀祂。

看來，即使法老深受災情的困擾，但是他仍以利益為重，不願意讓以色列人——這麼大群的廉價勞工輕易離開！然而，對摩西、亞倫而言，從耶和華那裡所領受的命令，是絲毫不能打折扣的。

最終，通過討價還價的拖延方式，法老同意讓以色列去曠野祭祀耶和華他們的神，條件是，不能走得很遠。果然，成群的蒼蠅立時消失，離開法老和他的臣僕、百姓，一個也沒有留下。

在過去發生的這些災中，以色列人所聚居的歌珊地，卻絲毫沒有受到影響，耶和華僅僅懲罰那些奴役、苦待以色列人的埃及人。

可是叛逆的法老又一次地變卦、背信，不容百姓去敬拜上帝。

五、畜疫之災

為了百姓的釋放，這次，耶和華的手段施在法老田間的牲畜身上——就是在馬、駱駝、牛、羊等牲畜中，發生了嚴重的瘟疫，大量的牲畜因此死亡。然而，凡屬以色列人的，一隻都不染病，自然也沒有造成損失。法老的心卻仍是固執，不容百姓去。

一意孤行的法老，似乎是要跟耶和華和以色列人鬥，就看誰的耐性夠堅韌了。

六、瘡災

耶和華又命摩西、亞倫取幾棒爐灰，摩西要在法老面前向天揚起來。這灰要在埃及全地變作塵土，在人身上和牲畜身上成了起泡的瘡。埃及行法術的在摩西面前站立不住，因為他們身上和一切埃及人身上都有這瘡。

不用多說，法老仍然硬著心不肯就範，可憐的法老在摩西、亞倫和以色列人面前失去信用，在臣僕面前失去面子，在國民和普天下人間失去威信。這時耶和華說："其實我叫你存立，是特要向你顯我的大能，並要使我的名傳遍天下。你還向我百姓自高，不容他們去嗎？(《出》9：16-17)

正如所羅門王曾說道："驕傲在敗壞以先；狂心在跌倒之前。"(《箴言》16：18)

七、雹災

由於法老，埃及人受到的懲罰越來越嚴重。這回耶和華使摩西向天伸杖，耶和華就打雷下雹。有火閃到地上，耶和華下雹在埃及地上，那時雹與火攙雜甚是厲害。

自從埃及建國以來，遍地沒有這樣的。法老打發人召摩西、亞倫來對他們說，這一次我犯了罪了，耶和華是公義的，我和我的百姓都是邪惡的。

每一次災禍刺到痛處，他們就軟下來求饒。但災禍一過去，他們便忘記先前所作的承諾。法老心存叵測表露無遺，他的偽善可見一斑。

八、蝗災

耶和華對摩西說，你向埃及地伸杖，使蝗蟲到埃及地上來，吃掉一切雹災之後剩下的菜蔬。當摩西向埃及地伸杖的那一晝一夜，耶和華令東風颳在埃及地上。到了早晨，東風帶來了蝗蟲，落在埃及的四境，前所未有地遮滿地面，甚至大地黑暗。

於是法老急忙召了摩西亞倫來說，我得罪耶和華你們的上帝，又得罪了你們，現在求你只這一次，饒恕我的罪，求耶和華你們的上帝使我脫離這一次的死亡。

摩西就離開法老去求耶和華，東風便轉成極大的西風，把蝗蟲颳起，吹入紅海。在埃及的四境連一個也沒有留下。但法老的心剛硬，不容以色列人去。

很多時候人悔過認錯是因為吃到了苦頭才會這樣，但當痛處撫平以後，人又回復常態，有時甚至還變本加厲。這後悔並非出自內心，也缺乏誠意，這樣的悔過一百次，仍然是無濟於事，於事無補的。他們只會在錯誤的道路上越走越遠，直到他們一無所有，眾叛親離。法老王這行徑就是一個最佳的例子。

九、黑暗之災

耶和華對摩西說，你向天伸杖使埃及地黑暗，這黑暗似乎摸得著。摩西向天伸杖，埃及遍地就烏黑了 3 天。3 天之久,人不能相見，誰也不敢起來離開本處，惟有以色列人家中都有亮光。

法老就召摩西來說，你們去事奉耶和華，只是你們的羊群，牛群要留下，你們的婦女，孩子可以和你們同去，摩西說，你總要把祭物和燔祭牲交給我們，使我們可以祭祀耶和華我們的神，我們的牲畜也要帶去，連一蹄也不留下。

法老已經多番跟摩西討價還價，而且隨著每次災禍的加劇，他周旋的本錢已經越來越少，所以他能給出的條件也比從前寬鬆得多，只是並沒有全按著摩西所求的。法老所謂的認罪悔過，表面上也一次比一次認真嚴肅，但當災禍一過去，他稍有喘息，便立即翻盤，推倒重來。

人能夠想到的災禍，埃及國都嘗到了，至此全國上下經濟瀕臨崩潰邊緣，農作物盡毀，農地受嚴重破壞，畜牧犧牲嚴重受損，民不聊生，國力已經大傷元氣，體無完膚，國家的聲譽在國際舞臺上一落千丈。

十、擊殺埃及長子之災

耶和華對摩西說，我再使一樣的災殃臨到法老和埃及，然後他必容你們離開這地出去，到了半夜，耶和華把埃及地所有的長子，就是從坐寶座的法老，直至被擄囚在監裡之人的長子，以及一切頭生的牲畜，盡都殺了。法老和一切臣僕，並埃及眾人夜間起來，在埃及有大哀號，無一家不死一個人的。

夜間法老召了摩西、亞倫來說，起來，連你們帶以色列人從我民中出去，依你們所說的去事奉耶和華吧，也依你們所說的連羊群，牛群帶著走罷，並要為我祝福。埃及人催促百姓，打發他們快快離開那地，因為埃及人說，我都要死了，以色列人照著摩西的話行,向埃及人要金器銀器和衣裳。

耶和華使以色列人在埃及人眼前蒙恩,以致埃及人給他們所要的。他們就把埃及人的財物奪去了,以色列人當中,成年的男子有 60 萬之多,並帶同他們的家眷,兒女,牛群,羊群,浩浩蕩蕩的離開了他們居住了 430 年的埃及地。

人不見棺材不流淚,這話用在法老身上更是合適,早知今日又何必當初呢?

在這場悲劇當中,法老的卑鄙行徑表露無遺,他驕傲自恃,背信棄義,出爾反爾,殘害無辜,死不悔改。最終落得如此下場,惡有惡報,天網恢恢,成為後人的警惕。不要為惡過甚,何必未到期而死呢?

三 為貪戀權力殘殺兄弟的亞比米勒

生活年份: 西元前 1400 年至 1000 年

聖經記載:《士師記》9：1-57

背景

當時的以色列人定居在迦南地，即現今的以色列國境內。他們沒有君王。但因受外族偶像崇拜和低下的道德生活的影響，並沒有按著上帝的律法生活。這致使他們漸驅積弱，常常遭受外族的侵擾和壓制。

每當被外族壓制得痛苦時，他們便悔改向耶和華哀求拯救。耶和華每次亦憐憫並幫助他們解困，從他們中間興起了士師（即保衛者）來抵禦敵人，使以色列人重新過著平安的生活。

殘忍奪權

本故事的主人翁名叫亞比米勒。他的父親是基甸（又稱耶路巴力）。當時基甸曾作以色列人的軍事兼宗教領袖士師 40 年，保護了國中的以色列人，並驅逐外族米甸人出境外。基甸有很多的妻子，生了 70 個兒子。亞比米勒是基甸住在示劍地的妾所生。

亞比米勒到了示劍，見他的眾母舅，對他們和他外祖全家的人說："請你們問示劍的眾人，是基甸的眾子 70 人都管理你們好呢？還是一人管理你們好呢？你們又要記念我是你們的骨肉。"

他的眾母舅便將這一切的話，傳遞給示劍人聽。示劍人的心就歸向亞比米勒。

亞比米勒用銀子僱了些匪徒跟隨他，將他弟兄都殺在一塊磐石上，只剩下躲起來基甸的小兒子約坦。如此，眾人都往示劍立亞比米勒為王。(參《士》9：1-6)

後來，約坦跑到示劍，對眾人說，從前我父冒死為你們打仗，救你們脫離了米甸人的欺壓；如今，你們卻起來功擊我的父家，將他的 70 個兒子殺在一塊磐石上，又立他婢女所生的兒子亞比米勒為示劍的王。

他又說，願火從亞比米勒發出，消滅示劍人和米羅眾人，又願火從以示劍人和米羅人中出來，燒滅亞比米勒。約坦因害怕，再避亞比米勒逃到比珥，住在那裡。而亞比米勒則掌權管理以色列人3年。

顯然，亞比米勒這人心狠手辣，為人陰險，有強烈的權力慾，為求目的，行事不擇手段——為了奪取王位，使自己的政權日後能安枕無憂，就不論同父異母的兄弟都殺個精光。權力的慾望真的使人為之瘋狂，失去理性，不顧骨肉之情，六親不認卻毫無愧疚。

但是得人心者得天下，這是王道。儘管他機關算盡，政權最終不能長久。

多行不義

心惡，果然使惡魔降在亞比米勒和示劍人中間。示劍人開始背叛亞比米勒，在山頂上設埋伏等候亞比米勒，並且，搶奪凡從他們那裡經過的人。

亞比米勒既然以不義的途徑竊取政權，自然就會有人出來跟他對著幹，行不義的得不義的工價，這話是真的。

有一人名叫迦勒，欲從亞比米勒手中奪取政權，只是無論在戰術上，兵力上和實力上都不敵於亞比米勒，後來更被趕出示劍，不得在其立足。然而亞比米勒為要斬草除根，帶領軍兵攻打示劍，不但奪城，還一不做二不休，殺了其中的居民，將城拆毀，並撒上了鹽。

示劍樓的人聽聞此事，就躲入外邦人神廟的地穴裡。亞比米勒命令他的將士們跟他一起，每人背上一根樹枝，把樹枝堆在衛所的四圍，放火燒了地穴，以致示劍樓的人也都死了，男女約有1000。(參《士》9：22-49)

順我者昌，逆我者亡，為固政權並要擴大國境，亞比米勒繼續窮兵黷武，攻城掠地，正如今日教科書裡野心家的行為。

亞比米勒因氣焰高漲，便會忽略一些小細節和自身的安危。他乘勝向提備斯追擊，攻取那城，城中有一座堅固樓，城裡的眾人，無論男女都逃進城樓去，關上門，上了樓頂。

亞比米勒到了城樓前，挨近樓門，要用火焚城。一如攻打示劍城樓，既然有了過往成功的例子，何不重施故技，來個輕取城池而毫不損兵折將呢。

他的如意算盤打得很響亮，可惜卻是勝利沖昏了頭腦。眾所周知，攻城掠地之時，挨近樓門是兵家之大忌，因為不知敵方在城樓頂佈置了什麼機關陷阱，比如：傾倒下煮滾盪著的油，正好進入射箭距離，又或是落下巨石等。

一個熟悉軍事戰略，在戰場上身經百戰的他，竟然不顧這軍事上最基本的原則，犯了最低級的錯誤，一旦失誤，可說是咎由自取。

果然，有一個婦人把一塊上磨石拋在亞比米勒的頭上，打破了他的頭骨。他就急忙喊叫替他拿兵器的少年人，對他說，拔出你的刀來殺了我吧，免得人議論我說，他被一個婦人所殺。於是少年人就把他刺死了。

以色列人見亞比米勒死了，便各回自己的地方去了。這樣耶和華報應亞比米勒向他父親所行的，就是殺了弟兄 70 人的惡。示劍人一切的惡，耶和華也都報應在他們頭上，一如約坦的詛咒。

死，有輕於鴻毛，有重於泰山。在那個父權時代，久經沙場的亞比米勒，卻死在一位婦女（弱者）的手上，可謂諷刺至極。聖經說，凡動刀的必死在刀下，這話用在亞比米勒身上，再合適不過。

所羅門王曾說："敗壞之先，人心驕傲，尊榮以前，必有謙卑"（《箴》18：12）。亞比米勒之死是他的驕傲所致——他在最不應該出錯的地方竟然出了致命之錯，也是上帝借此來審判他。如此梟雄，最後以失敗告終，可悲可悲！

四 因貪財以美色誘惑陷害伴侶的大利拉\

生活年份: 約西元前 1200 年。

聖經記載：《士師記》13-16

背景

以色列的民族歷史過程中，曾經歷過不同的時代和社會組織，他們經歷過族長時期。從亞伯拉罕及後經過爺孫三代到雅各，因為迦南地遭遇大饑荒，便舉家西遷到了埃及地寄居。

430 年後，以色列人當中興起了一位領袖摩西，帶領著當時過百萬的以色列人（其中，有 60 萬為成年男子），浩浩蕩蕩地離開埃及。在曠野飄泊約 40 年，最後由他培養出的新一代領袖約書亞，帶領著以色列人，經過輪番的攻城掠地，終於在迦南地定居下來（即現今以色列國和巴勒斯坦），並依照以雅各的 12 個兒子而繁衍出的 12 支派，來劃定地界。

支派間互相往來、照應和通婚。那時，他們並沒有發展出一個相對具體的政治行政系統，來負責統籌管理大家。因此以色列人沒有王，各人任意而行。

每當他們的社會風氣敗壞的時候，他們的力量就會變得弱小，外族便趁機興起進來犯境。在壓力困苦之下，他們便向耶和華哀求；耶和華聽到他們的苦情後，便興起了一些領袖，帶領他們抵禦外族的侵凌。但往往在換來了數十載不等的短暫平安後，他們的社會和道德風氣再度走向敗壞，又再次受到鄰近外族的攻擊……如是者反反覆覆地持續了 400 多年。人們稱這段時期為士師時代。在這時代中的每一位領袖稱之為士師。

本故事的主人翁大利拉，是一位非利士族女子。

要介紹她的故事就必須提到她的同居男友：參孫。參孫是以色列但族人，在出生之前，耶和華的使者曾報信給他父母親說，他們將要生一個男孩，要歸為耶和華。他一生的使命，便是拯救以色列人脫離非利士人的侵略。

作為一個歸為耶和華的人，參孫一生必須持守3件事：不能觸摸任何（人或動物的）屍體，不能用剃頭刀剃頭，以及無論清酒或濃酒都不能喝。

成年後的參孫，因為耶和華的靈，力大無窮，無所畏懼。

參孫殺壯獅

有一日，參孫跟他父母下拿亭去。到了當地的一個葡萄園，見有一隻青壯獅子向他吼叫。參孫雖然手上沒有武器，但因為被上帝的靈所感動，竟如同撕裂一隻山羊羔一般，把這獅子撕裂。及後他遇見一位非利士女子，深深為其所吸引，因此他就對自己的父母，提出娶這名外邦女子的要求。

那時非利士人正統治著以色列人，這事就成為日後耶和華攻擊非利士人的契機，而參孫的父母並不明白。

過了些日子，參孫再度下拿亭打算娶那女子。

路上，他看見道旁那只他之前打死的獅子，見一群蜂子在屍體內築巢。參孫就用手取了蜂蜜，邊走邊吃。如此，參孫不羈地犯了他人生中 3 條禁令中的一條——觸摸了動物的屍體。

在結婚筵宴上，參孫給陪伴參孫的 30 位非利士人提出一個賭約：由參孫出個謎語，若在 7 天之內，他們能猜出謎語，就給這些陪伴者 30 件內衣 30 套衣裳；若猜不中，他們就反過來要給參孫 30 套內衣，30 套衣裳。(在當時，布料與衣衫的製作，都十分昂貴。編註)

過了第 7 天，這些非利士人仍未猜出來，便誘使參孫的妻，去從參孫口中獲知答案，並轉告了朋友們。因此參孫便輸了。為了賠償輸掉的賭注，參孫就到亞實基倫，殺了 30 個人，搶了他們的衣服，將這些衣服給了猜出謎語的人。

仍在怒氣中的參孫，就回到自己的父親家去了。如此，參孫的岳父就把他的妻子，給了參孫的婚禮上其中的一位陪伴，即伴郎。

參孫擊殺千人

過了些日子,參孫帶著一隻山羊去看他的妻，但他的岳父不容他進內室，說：我認為你是極其恨她的，因此，我將她給了你的陪伴。岳父並提議，要將這女子的妹妹代替她給參孫。

沒想到，這反而成為堂而皇之的理由，讓參孫報復非利士人。

於是，參孫捉了 300 隻狐狸，將狐狸尾巴一對一對地捆上，再把火把捆在兩條尾巴中間，點著火把後，放狐狸進入非利士人的禾稼，導致連橄欖園都燒盡了。非利士人知道這是參孫所做的，便報復放火燒了女子和他的父親。於是參孫再度向非利士人報復，擊殺他們，手段狠辣。

受創的非利士人，因此施壓以色列人，令他們交出參孫。以色列人出動 3000 猶大人，用兩條新繩子捆綁參孫，把他帶到非利士人那裡。此時，耶和華的靈大大感動參孫，他臂上的繩就像被火燒過的麻一樣，從他手上脫落下來；他見一塊未乾的驢腮骨，就伸手拾起來，擊殺 1000 人。

這是參孫第 2 次觸犯了不可摸動物屍體的禁令。

參孫和大利拉

參孫性情剛烈,行動為肉體的欲求所主導,不能自拔。

他到了迦薩,遇見一個妓女,就與她親近。非利士人知道參孫已經來到迦薩,就把他留宿之處團團圍住,打算等到天亮便殺他。沒想到參孫睡到半夜起來,將城門的門扇門框門閂都一齊拆下來,扛在肩上,直走到山頂上......他的神力,在此可見一斑。

後來,參孫在梭烈穀,愛上一個叫大利拉的女人。非利士人的首領便以豐厚的金錢,誘使她設法從參孫口中,套出參孫力大的原因,好識破並控制他。

世間多少才俊在美色誘惑之下,讓事業與人生踏上了毀滅的不歸路。對大利拉來說,美貌與身材是她的本錢,出賣身體與溫柔是她的手段。

大利拉以不達目的誓不罷休的姿態,軟硬兼施,令參孫道出他神奇力量的祕密。開始參孫敷衍她,隨便訛稱一些似是而非的說辭,以求得一夜的安寧；但在豐厚的金錢獎賞前，大利拉又怎會善罷甘休？他與參孫之間既無夫妻名份，更談不上愛情，彼此只不過是肉體上的伴侶，怎可能為參孫著想呢？

每次參孫向大利拉給出的敷衍答覆，大利拉都立刻興高采烈地照著參孫答覆的"軟肋"去控制他，並說道，參孫啊，非利士人拿你來了。但是每次都被參孫輕鬆掙脫。既然明知對方是不懷好意，為何還要一而再、再而三地重蹈覆轍呢？原來在情慾和美色面前，有些男人是神智不清，判斷能力盡失的。

自古英雄難過美人關，大利拉天天嘮叨的功夫最終得償所願。

大利拉天天用話催逼參孫，令他心裡感到煩悶要死，就把心中所藏的都告訴了她：向來人沒有用剃頭刀剃我的頭，因為我自出母胎就歸上帝作拿細耳人，只要剃了我的頭髮，我的力氣就離開我，我便軟弱像別人一樣。

大利拉使參孫枕著她的膝睡覺，叫人來剃他頭上的七條髮髻，於是他的力氣就離開他了。非利士人將他拿住，挖了他的眼睛，用銅鏈拘索他，帶他下到迦薩，在監裡推磨。不久，他的頭髮被剃之後又漸漸長起來了。

參孫之死

不久非利士人擺酒宴樂，要把參孫從監裡叫來戲耍他。參孫站在兩柱中間，向牽他手的小孩說："求你讓我摸著拓房的柱子，我要靠一靠"。

那時房內充滿男女，非利士人的眾首領都在那裡。房的平頂上約有3000男女觀看參孫戲耍。參孫求告耶和華說："主耶和華啊，求你眷念我。求你賜我這一次的力量，使我在非利士人身上報那挖我雙眼的仇。"

參孫就抱住托房的那兩根柱子，左手抱一根，右手抱一根，說："我情願與非利士人同死！"就盡力屈身，房子倒塌，壓住首領和房內的眾人。這樣參孫死時所殺的人比活著所殺的人還多。

非利士人的社會文化中，男女關係紊亂，物慾橫流，其實參孫本身是猶太人，道德嚴謹，律例嚴明。他與怎樣的人交往，耳濡目染，自然而然的，便會成為與他們一樣的人。如何選擇朋友，是他必須要上的一課。

而參孫的伴侶大利拉是否也在那塌下的宴會廳中死亡，我們不得而知。既然她能為出賣參孫而贏得非利士人的厚賞，她成為座上賓客的可能性極高。若是這樣的話，大利拉所得的財利與她的生命，最後便一同滅亡而告終。正如所羅門說的："凡貪戀財利的，所行之路都是如此。這貪戀之心，乃奪去得財者之命。"（《箴》1：19）

五 淫亂邪惡至極的王后耶洗別

生活年份: 西元前九世紀

聖經記載:《列王記上》18．19．21 章;《列王記下》9：30-37

背景

當以色列人定居在迦南地（即現今以色列國的大致所在地），他們立了又壯健又俊美的掃羅為第一位開國君王（西元前 1051 年至 1011 年）。可惜經過短暫的復興，以色列國因為國內的風氣開始敗壞，國運迅速由興變衰，國力由強轉弱，到後來國家便分裂成為南北兩國。南國稱為猶大，以耶路撒冷為首都，北國稱為以色列，以撒瑪利亞為首都。以色列國從此進入了分治的局面。本章的主角，是北國以色列的亞哈王的妻子耶洗別。

自古以來，惡人並非男人的專屬品，在此女性也不甘寂寞，從不缺席。最毒婦人心這句話，其來有自。歷來不少的壞女人都是貌美如花，有著沉魚落雁，閉月羞花的嬌容。而男人如癡如醉般沉浸在女人的溫柔香中，早已經忘盡了江山社稷，更遑論祖上遺訓。這樣的故事在各國的歷史上不斷重演，屢見不鮮。

耶洗別是外族人西頓王謁巴力的女兒。她的父親原是外邦神明的大祭司。因受到家庭的薰陶，所以她從小就有著崇拜外邦神明巴力（Baal）和亞斯他錄（Astarte/Ashtoreth）的習慣，這在當時的中東社會是非常普及。

巴力是西頓人的土神，據說操控人們生養繁殖能力，掌管氣候和五穀並六畜，並當時農業社會的經濟命脈。跟百姓生活、財富豐裕的來源息息相關。而女神亞斯他錄，據說是天上一位女王，掌管人類男女交合戀愛繁殖。

當時的人在敬奉這位神明巴力時有一個陋習，喜歡用活人祭祀。尤其是喜歡用嬰兒做祭品，非常殘忍。在今日的文明社會，把用人類說做祭品定為邪教，屬於非法行為。聖經裡提到當時以色列的神耶和華，厭惡這種活人祭祀的方式。

要知道耶洗別為什麼能成為人類歷史上最邪惡女人的代表人物,我們就從她的所作所為逐一分析吧。

趕盡殺絕

以色列王亞哈與耶洗別的異族通婚,實際上是出於政治考量。在亞哈統治的時代,因為跟敘利亞的爭戰削弱了國力,他欲藉著聯姻,取一個國力比自己強大國家的公主為妻,一來避免戰爭,二來又可以增強自己的實力。

耶洗別出生於君王之家,而她來自的國家比夫君亞哈王的以色列國強盛,自然就有底氣,說話更有分量。

例如,當時一位受以色列人尊敬的先知以利亞,憑一己之力,在一次信仰能力的較量上,挫敗並殺死了耶洗別供養的 450 個巴力先知。亞哈將以利亞一切所行的和他用刀殺眾先知的事,都告訴耶洗別,耶洗別就差遣人去見以利亞,告訴他說:明日約在這時候,如果我不使你像那些人一樣被殺,願神明重重的降罰與我。

我們看出軟弱的君王亞哈，竟然國事要向他的皇后匯報，而他自己也無能處理，顯然治國大權在實際上，已經落在垂簾聽政的王后耶洗別身上，亞哈只不過是個傀儡而已。耶洗別的反應，顯出她強勢、果斷。

為了將自己對巴力的信仰推至全國，耶洗別不惜殺害在國內信奉耶和華的先知（《王上》18：13），舉凡非我族類則趕盡殺絕，格殺勿論，絕不姑息。

心狠手辣

有一位耶斯列人拿伯在耶斯列有一個葡萄園靠近撒瑪利亞王亞哈的宮。亞哈對拿伯說，將你的葡萄園給我作菜園，因為是靠近我的宮，我就把更好的葡萄園換給你，或是你要銀子，我就按著價值給你。但拿伯因為該葡萄園為祖業存留下來為由，婉拒了亞哈王的請求。

亞哈王因得不到心頭好，以致茶飯不思，心情極為憂悶，及後耶洗別得悉此事後便下毒手。寫信邀請了居住同城的長老貴冑來坐在民間的高位上，又安排兩個匪徒來坐在拿伯對面，當著眾民作假見證，告他說，拿伯謗瀆神和王了。隨後把他拉到城外用石頭打死。

耶洗別的性格兇殘，手段狠毒，為求目的不擇手段。用假証人汙衊殺害無辜之人，毫無良知可言，她邪惡的心一覽無遺。

悲慘結局

丈夫以色列王亞哈死後，他的兒子亞哈謝繼續做王。亞哈謝之後，他的兄弟、耶洗別的兒子約蘭繼位。約蘭在位時，與當時的猶大王在拿伯的田裡，遇見叛將耶戶。約蘭說："耶戶啊，平安麼？"耶戶說："你母親耶洗別的淫行邪術這樣多，焉能平安呢？"（編註）

可見，耶洗別的惡行人盡皆知。

及後，耶戶殺了以色列王約蘭和南國猶大王亞哈謝。當耶洗別聽到耶戶要來的時候，毫無懼色，竟然去擦粉、梳頭，故意象徵性地表明她的尊嚴，從窗戶裡往外觀看。耶戶靠近王宮的時候，耶洗別說："殺主人的心利啊，平安嗎？"

心利是從前以色列國內的一位叛將，把君王弒掉篡位自立為王。耶洗別叫耶戶作為心利，是諷刺他殺害了他的君王，耶洗別的兒子約蘭。

耶戶抬頭看向窗戶，說："誰順從我？"這時有兩三個太監從窗內探出頭來。耶戶說，把她扔下來。他們就把耶洗別扔了下來。她的血濺在牆上和馬上。耶戶進房去吃喝後，才吩咐道："你們把這被咒詛的婦人埋葬了，因為她是王的女兒。"

他們這時才去處理她的屍體，沒想到只尋到耶洗別的頭骨、腳和手掌。這正如耶和華的預言，說她的結局將在耶斯列田間，狗必吃她的肉，她的屍首必在耶斯列田間如同糞土，甚至人不能說這是耶洗別（參《王下》9：36-37）。

這就是帶以色列人行淫的王后，耶洗別的結局。

編註：舊約中上帝稱祂和以色列的關係，親密與盟約的關係猶如夫妻，如："以色列家，你們向我行詭詐，真像妻子行詭詐離開他丈夫一樣。"（耶利米書 3：20）因此耶洗別的"淫行"，主要是指她帶領以色列民去做偶像崇拜,而非指她在性生活上的混亂。

六 昏庸無主見的君王亞哈

生活年份：約在西元前 873 至西元前 852 年，與耶洗別王后的時代相同。(編註 1)

聖經記載：《列王記上》 17-22 章

背景

以色列分治的時期，南國稱為猶大，北國稱為以色列。在分治後的以色列國國力一落千丈，不時受到鄰國入侵，國內經濟倒退，民不聊生，加上受外族腐敗的宗教文化滲透，社會風氣敗壞，國內一片混亂。本故事的主人翁以色列君王亞哈，不幸成為這政局爛攤子的"接盤俠"。

西元前 873 年，以色列王暗利在位 12 年後，他的兒子亞哈接續作以色列王。由於以色列國力衰弱，備受鄰國侵凌，為了避免進一步與鄰國發生戰爭，亞哈便採取了較為有效和常用的方法，即同鄰國敘利亞進行聯姻。敘利亞西頓王謁巴力的女兒耶洗別，成為了以色列國的王后。

耶洗別從小在敬拜神明巴力（編註 2）濃厚的宗教氣氛中長大，所以是一位資深的巴力信仰者。而巴力信仰是推崇放蕩的性生活，對男女關係的態度上採取縱容的態度。他們更提倡以活人，尤其是以嬰兒作為祭物的供獻儀式。

由於亞哈王是以弱國女婿迎娶鄰國強國西頓王的女兒，加上他為人處事優柔寡斷，便常倚賴王后耶洗別建言和受其操縱。

我們從以下事蹟看亞哈王的為人。

軟弱無能

聖經說亞哈行耶和華眼中看為惡的事比他以前的列王更甚。在娶了西頓王謁巴力的女兒為妻後，就去事奉敬拜巴力這外邦的異教神明。原來在他之前的諸王已一個比一個醜惡，到了他時，更是達到極點。

亞哈縱容王后耶洗別在國內推廣巴力異教到一個地步，甚至在以色列國內設立了 450 個拜巴力的先知和 400 個拜迦南神亞舍拉（編註 3）的先知，他們都受僱於耶洗別，在她的蔭庇之下。亞哈眼看國家離棄耶和華上帝，走向道德敗壞而不加阻止。

錯誤的選擇

在正義和邪惡的選擇中，他揀選了後者。他沒有嘗試把國家帶回正軌，反之，他帶領著全國人民急速步向衰亡而不自覺。一國之君的一舉一動，對國家有著巨大且深遠的影響。

亞哈王行事沒有主見，常被人影響而不自知。意見是別人給出的，但決定必須是自己作出的，自己必須為所作出的決定負全責，承擔後果，更何況他是一國之君呢？他去敬奉巴力，是受到王后耶洗別的影響，因為巴力是耶洗別娘家的國教。

他親眼看到耶和華的僕人先知以利亞，在他眼前殺掉了 450 個巴力的先知而不知覺醒，反之，他把這事通告了王后耶洗別。而耶洗別就差遣人去見以利亞，送出死亡威脅。相對於耶洗別果斷、敢作敢為的剛烈性格，亞哈顯得很窩囊。

搖擺不定

過些時候，鄰國亞蘭王便哈達派遣使者，態度傲慢地對色列王亞哈說："便哈達如此說，你的金銀都要歸我，你妻子兒女中最美的也要歸我。"面對亞蘭王的欺淩，亞哈居然回答說："我主，我王呀，可以依著你的話，我與我所有的都歸你。"

這樣的奇恥大辱，換做別人，真是士可忍孰不可忍。

之後，使者又來送信："便哈達如此說，我已差遣人去見你，要你將你的金銀妻子兒女都給他。如此明日約在這時候，我還要差遣臣僕到你那裡搜查你的家和你僕人的家，將你眼中一切所喜愛的都拿去。"

由於長老和百姓一致的反對，這次亞哈王終於拒絕了便哈達的使者。

缺乏男兒氣概

靠近亞哈王宮的附近，有個葡萄園，是屬於耶斯列人拿伯的。過些時候，亞哈看中這個葡萄園，對拿伯說："你將你的葡萄園給我作菜園，因為是靠近我的宮，我就把更好的葡萄園給你。如果你要用銀子換，我就按著價值給你。"但是拿伯因著該地為其祖業而婉拒了亞哈的請求。

亞哈竟然因此而神情憔悴，心裡憂悶得吃不下飯。王后耶洗別便使用卑鄙的手段，把葡萄園拿到手裡，交給了亞哈。

亞哈的幼稚無能，再次表露無遺，作為一國之君，豈能為一塊田地與本國的小民相爭，再者，作為一個大丈夫，怎可能為一塊田地而滿面愁容？更何況這樣微不足道的一件小事，竟然需要到王后耶洗別為他出面處理，而得償所願呢？他作為君王的尊嚴，胸襟又在哪裡呢？以這樣低劣的辦事能力和情商，怎能挑起領導全國治理社稷的重責呢？他人生的衰敗是早晚的事情。

不肯認錯

他帶領以色列國民背棄耶和華的治國要求，從而遭到了 3 年多的旱災和饑荒的懲罰。後來他質問耶和華上帝所重用的僕人以利亞："使以色列人遭災的，就是你麼？"以利亞說："使以色列遭災的不是我，乃是你和你父家，因為你離棄耶和華的誡命去隨從巴力外邦人的神明。"

這樣的一番對話盡顯他有失一國之君的尊嚴和身份。很多時候，人們常把事情的不如意和失敗歸咎於他人，而不願檢討自己。這樣的人永遠不能成長，因為不懂得從失敗中吸取教訓。

亞哈的一生在遭遇困難時，往往先徵求他人的建議，而自己卻拿不出好的方案來。別人提出的建議只能當參考，畢竟自己是當事人。但可悲的是，每每他所做的決定，最後都以失敗告終，並且拒絕認罪。不肯承認錯誤，是任何人都擔當不起的弱點。

沒有擔當

作為一國之君，一家之主，一言一行都對社稷、家庭有著舉足輕重的影響。但是亞哈過於倚重身邊人的建議，而忽略了自身參與的責任，所以一直錯失了給自己成長的機會。

縱觀亞哈的一生，他只不過是一個不能成大器、沒有主見、沒出息的小男人。以色列國有如此不稱職的君王，是國運的不幸，委實哀哉！哀哉！

編註：

1. 關於亞哈所處的年代，學術上有兩個說法：
1. 考古學家兼舊約學者 Edwin Richard Thiele（1895-1986）認為，亞哈王在位是西元前 873

年到西元前 852 年。2. 聖經考古學術權威兼語言學家 William Foxwell Albright(1891-1971)則認為，亞哈王為王於是西元前 869 年到西元至西元前 850 年。

2. 巴力是源自于迦南人的神明，是舊約聖經中腓尼基人的首要神明，曾被用於不同的偶像。早在西元前 15 世紀，便有閃族的崇拜記錄。在迦南神話中，巴力後來演變為太陽神與農業神。當災害來臨時，人們即以為是巴力的震怒，需要獻牲禮甚至活人或小孩。舊約巴力一詞到了新約即成了鬼王別西蔔。

3. 亞舍拉是古代閃米特宗教所崇拜的一位迦南神話中的女神，出現在許多古代資料中。她是人類之母、眾神之母、萬物之主宰，同時還主宰海洋，是大海的女王。《申命記》第 12 章中，上帝耶和華曾命令以色列人摧毀她的神殿，以保持對上帝純潔的崇拜。

七 施行種族滅絕的哈曼

生活年份：約西元前 479 年

聖經記載：《以斯帖記》

背景

南國猶大國在西元前 586 年被巴比倫帝國所滅。至西元前 539 年，巴比倫又被波斯瑪代所併吞，由波斯瑪代王亞哈隨魯所統治。其疆土，從印度直到古實（即現今尼羅河上游一帶），有 127 省。當時的首都是書珊，在現今伊朗境內。

在亞哈隨魯王作王的第 3 年，他為慶賀本國和自己的功績，設筵請本國的大臣貴族與他同樂，並觀看國內的華麗和豐富。宴會長達 180 日之久。在與大臣貴族宴樂的時候，為了增加氣氛，便想出召喚王后瓦實提出來，讓眾大臣貴族一睹王后的美艷容顏。

沒想到，王后竟然拒旨召喚，致使龍顏大怒；在盛怒之下的亞哈隨魯王隨即罷黜了王后。之後，皇室便在全國招攬絕色佳麗來填補空缺的皇后一職。終於從書珊城中，找到一位猶大女子以斯帖。

七 施行種族滅絕的哈曼

經過一番遴選,以斯帖從眾女子中脫穎而出,王就立她為王后代替瓦實提。

以斯帖的堂哥末底改,是從前巴比倫王尼布甲尼撒王從耶路撒冷,與猶大王耶哥尼雅和其他百姓一起擄去的。以斯帖(原名哈大沙)的父母過世後,末底改就將她視為女兒來撫養。

當王第 2 次招聚處女的時候,末底改無意中在朝門王的太監中聽到,有兩個守門太監的陰謀——他們惱恨亞哈隨魯王,想要下手害他。末底改便告訴了王后以斯帖,以斯帖以末底改的名報告於王。王經查實後就把二人掛在木頭上,並將這事寫於歷史上。

陰謀

王有一位大臣名叫哈曼,恃著被王重用,位於一人之下,萬人之上,趾高氣揚,專橫跋扈,不可一世。朝門一切臣僕都按照王的吩咐,對哈曼跪拜,唯獨末底改既不跪也不拜。

哈曼見末底改不跪不拜,就怒氣填胸。此刻,末底改已經告訴同僚們,他自己是猶大人。同僚們便將末底改的身份告訴哈曼。嫉恨末底改的哈曼，認為僅僅下手害末底改一人是小事，要麼，乾脆就滅絕在亞哈隨魯王政權下末底改所有的本族，即全國所有的猶大人。

哈曼對亞哈隨魯王說，有一種民散居在王國各省中，他們不守王的律例，所以容他們的存在與王無益。他接著就教唆王下旨滅絕猶大人，並承諾捐大量銀子入王的府庫。於是，王從自己手上摘下戒指給哈曼——猶大人的仇敵。王對哈曼說，這銀子仍賜給你，這民也交給你，你可以隨意待他們。

於是，哈曼召了王的書記，吩咐用各省的文字各族的方言，用王的戒指蓋印，奉王的旨意傳與各省的省長和各族的首領，吩咐各省將猶大人，無論老少，婦女，孩子在一日之間，即亞達月十三日，全然殺戮滅絕，並奪取他們的財富為掠物。

頓時，書珊城內的猶太裔人民都慌亂。

知道這事的末底改就撕裂衣服，穿麻衣蒙灰塵，在城中痛哭哀號地行走。王的諭旨所到的各省各

七 施行種族滅絕的哈曼

處,猶大人都感到絕望悲哀,禁食哭號,許多人甚至穿了麻衣躺在灰中。

走投無路的末底改,就請求王后以斯帖到王面前祈求撤旨。然而,若沒有王的命令,貿然主動覲見王面是屬死罪。於是以斯帖便傳話給末底改,招聚書珊城內所有的猶大人為她禁食三天三夜,以斯帖和她的宮女也這樣禁食,求他們的神耶和華拯救他們。

她說,禁食以後,我將違例去見王。我若因此死,那就死吧。

哈曼在此時是恃寵生嬌,以勢逼人。本來遷惹怒他的,只是末底改一人,而惹怒他的行徑,亦不過是不向他跪拜而已。他大可以私下處置他一人便可了事。但如今竟然把事情弄到全國為之震動,上至君王,下至各地總督,軍長,平民百姓,無不為此而受到干擾。他何竟要如此小事化大呢?

權力的吸引力真的可怕,有人善用權力使自身和他人大大得益,使國泰民安。但也有人濫用權力,使身邊的人甚至國家蒙受損傷。濫用權力的人,根本不配得著權力。

翻轉

第 3 日，以斯帖穿上朝服進王宮的內院對著殿門站立。

王在殿裡坐在寶座上，對著殿門，見王后以斯帖站在院內，就向她伸出手中的金杖，這是當時法令外的施恩。

沒想到，當以斯帖按照律法向前摸杖後，王對她說："王后以斯帖，你要什麼，你求甚麼？就是國的一半也必賜給你。"以斯帖便躬請王和哈曼共進晚宴，王便賜准並吩咐人傳達哈曼也赴宴。在晚宴之際，王又問以斯帖道，你要甚麼？就是國的一半，也必為你成就。

於是，以斯帖再請王和哈曼明天晚上再次赴宴，並說到時必照王所問的說明。

哈曼因再次被單獨邀請，與王第二日一起赴宴，感到無比光榮和自豪。只因著在朝門前見到末底改對他依然不恭不敬，不跪不拜，感到異常的忿怒。他的妻子和朋友們獻策要建一個 5 丈高的木架,明早求王將末底改掛在其上,然後哈曼就可以歡歡喜喜的隨王赴席。

那夜,王無法入睡,便吩咐人取歷史來念給他聽,正好讀到書上關於末底改如何告發兩個守門的太監,想要下手害王的事蹟。王說末底改行了這事,之前卻未給予賞賜。他正想著彌補時,剛巧哈曼就站在殿前見王。

王就叫哈曼進去,問他說:王所喜悅尊榮的人,當如何待他呢?哈曼心裡以為王說的是自己。便回答:"當將王常穿的朝服和戴冠的禦馬都交給王極尊貴的一個大臣,命他將衣服給王所喜悅尊榮的人穿上,使他騎上馬,走遍城裡的街市。"

不料,王對哈曼說,"你盡快將這衣服和馬,照你所說的向坐在朝前的猶大人末底改行,凡你所說的一樣不可缺。"哈曼只能從命,為他所恨惡的末底改做了這一切的事。此時,有太監來催心裡覺得不妙的哈曼,快去赴以斯帖所預備的筵席。

得勝

在筵席間,王問以斯帖要什麼?以斯帖便說:"因我和我的本族被賣了,要剪除殺戮,滅絕我們,但王的損失,敵人萬不能補足。"王問王后以斯帖:"擅敢起意如此行的是誰?這人在那裡呢?"以斯帖說:"這惡人就是哈曼。"

於是,以斯帖把哈曼的惡計呈於王前,並客觀地分析當中的利弊得失。她並沒有以自身的美色容顏作本錢,也沒有用任何陷媚的話作手段,顯出她為人正直和高尚的操守。

此時,王大怒,起來離開酒席,往禦園去了。充滿恐懼的哈曼,恐怕王已經定意要加罪與他,就起來求王后以斯帖救命。

王從禦園回到酒席之處,見哈曼伏在以斯帖所靠的榻上。王說,他竟敢在宮內在我面前淩辱王后?這話一出口,人就蒙了哈曼的臉。王的一個侍從說,哈曼為那救王有功的末底改作了五丈高的木架。王說把哈曼掛在上面。於是人將哈曼掛在他為末底改所預備的木架上,王的憤怒這才止息。

以斯帖便求王廢除哈曼所頒布殘害殺戮猶大人的惡謀，於是王便納諫，並下旨誅滅哈曼家族的所有人，且下旨封末底改為全國丞相，還通令全國禮待境內的一切猶大人。

　　政治的黑暗可以在哈曼身上一覽無遺：為了使自身的目的得逞，不惜陷害栽贓公報私仇，實行政治追殺，以權謀私。當他大權在握時，不可一世，有恃無恐，又對政敵趕盡殺絕，毫不留情。但當失勢時，便像一隻喪家犬，跪地求饒，搖尾乞憐。

　　政治無情，二十年河東，二十年河西。如果當初哈曼與末底改的恩怨在二人之間私了，不必小事化大，又何竟會遭到殺身之禍，滅門的慘劇呢？人與人之間的恩怨此起彼伏，互相報仇雪恨何時了？倘若人皆有豁達的心腸，社會的戾氣就可以消弭於無形，祥和的氣氛總比戾氣來得更切實際。

八 詭詐兇殘無道的希律王

生活年份：西元前 74 年至西元 4 年

聖經記載：《馬太福音》1：18 - 2：23

背景

希律是在耶穌出生時作猶太王。

耶穌出生的年代，猶太人被羅馬帝國所統治，而耶穌的出生地伯利恆和耶路撒冷受到當時羅馬王所分封的希律王（稱為大希律）治理。

當時，有幾個博士，從東方來到耶路撒冷詢問，那生下來作猶太人之王在那裡？我們在東方看見指示祂的星，特來拜祂。希律王聽見了，就心裡不安，整個耶路撒冷城的人，也都感到不安。他就召了當時猶太人當中的宗教領袖和學者們來，要查明所以，因此知道，耶穌是按古時的預言，會出生於伯利恆。

因此，希律低調地召了博士來，說：你們去仔細尋訪那小孩子，一旦找到了，就來報信，這樣

八 詭詐兇殘無道的希律王

我也好去拜祂。後來博士們找到了小孩子降生的地方，就進房子看見小孩子和祂母親馬利亞，並俯伏敬拜那小嬰兒。之後，博士因為在夢中被指示，不要回去見希律，就從別的路回到他們自己的家鄉了。

希律見博士們沒有消息，認為自己受到他們的愚弄，就大大發怒，差人將伯利恆城內以及城的四境中，所有兩歲以內的孩子都用刀殺盡了。而此事過了不久，大希律王就死了。

聖經關於大希律王的故事就是這麼簡單。篇幅雖短，可是道出了一個不爭的事實，大希律王殺害在伯利恆城四境出生的猶太男孩，並非什麼新鮮事，只不過是猶太民族悲慘遭遇的不斷重演而已。

眾所周知，在二戰期間，德國領袖希特勒及其領導的納粹德國殘害了 600 萬無辜的猶太人性命，而在同一期間，在中國的上海市，當時的中國人民群眾出於良知，義無反顧去幫助那些毫不相識被困在上海看守區內的 2 萬餘名猶太人，越過欄桿，不斷給他們丟進了食物和水，使他們得以維持生命,這段感人故事成為了往後世人的佳話,中國人與猶太人亦因此結下了深厚的友誼。

大希律王是一個非常陰險的小人,當他得知自己的權位稍微受到了影響威脅,竟然裝模作樣,假扮虔誠慈悲要打聽嬰孩出生之處,好讓自己也去拜祂,這樣的行為棉裡藏針,心存叵測。外人一不小心就上當丟命。為數眾多嬰孩的性命對這位政客來說不足與他所眷戀的權威相比較。

大希律王的所作所為,揭露了政治的殘酷與無情,政客的陰險無恥在此表露無遺。他們的陰險,誰能測透,他們邪惡的手段,誰能防備呢?

後來,有主耶和華的使者向約瑟夢中顯現,說起來帶著小孩子同祂母親逃往埃及,住在那裡,等我吩咐你,因為希律必尋找小孩子要除滅祂。他們便住在埃及,直等到大希律王死了,才回到原以色列地。

很明顯大希律王的政治追殺,不會善罷甘休的,可是他的惡計,在他未找到嬰孩耶穌以前,自己卻先赴黃泉,一命嗚呼。

權力的魅力到底在哪裡？竟能使人為之窮一生之力，契而不捨的追逐，牢牢掌握而不願放開呢？

九 愛美人不愛江山的希律王安提帕

生活年份：西元前 21 年至 西元 39 年

聖經記載：《馬可福音》6：14-29

　　西元 1 世紀，羅馬帝國獨霸天下，經濟繁榮，軍力強盛，交通發達，故有"條條大路通羅馬"的說法。為了更好地管理幅員遼闊的版圖，羅馬共和國的終身獨裁官凱撒（100-44BC。凱撒遇刺後，羅馬共和國在奧古斯都手下，於西元前 27 年起成為羅馬帝國。編註），就把一些地方分封給他的親信，這些分封王在所管轄的地區，有著幾乎絕對的權力。

　　西元 30 年左右，以色列人聚居在猶大地耶路撒冷和加利利一帶，被當時的分封王希律王安提帕（大希律王之子）管轄。

　　猶太人有著自己特有的文化，過著他們傳統的宗教信仰。其他社會生活（如稅法）則是按照羅馬政府的制度行事。希律王安提帕對以猶太人的生活也少有干預。

當時有一位猶太人名叫約翰，他是耶穌的親戚，被尊稱為施洗約翰，原因是約翰常到約但河給猶太人民眾施行悔改的洗禮，其含義是猶太人承認自己犯過錯，透過洗禮重新過一個潔淨的生活。那時耶路撒冷、猶太全地並約但河一帶地方，有許多人到約翰那裡，承認他們的過錯和他們的罪，行潔淨之禮。

施洗約翰不同於常人，他住在曠野，身穿駱駝毛的衣服，腰束皮帶，吃的是蝗蟲野蜜。生活嚴謹，道德高尚，為人正義，恨惡邪惡，對不義的事情絕不容忍，對假冒為善的人直斥其非。因此，他受到了當地民眾的高度愛戴和擁護。

當時希律王安提帕，因為貪愛美色，甚至把自己親生兄弟腓力的妻子希羅底搶過來，做自己的妻子。

希律王安提帕這一舉動顯然是大逆不道，甚至在羅馬社會也是不能接受的。但是對於大權在握，萬人之上的希律王來說，只要能奪得心頭好，滿足個人的情慾，就算是違反人倫道德，這又何妨呢？

施洗約翰知道此事後，無視希律王的權勢和他兇險的為人，竟然勇敢地直斥其非說：你娶她是不對的。

約翰以一介平民身份膽敢在君王面前以下犯上，難道他不知道後果嗎？他當然知道。但以他耿直的為人和對罪惡不姑息，明辨是非的態度，除了直言他沒有別的選擇。他這種不顧個人安危的行為，我們稱之為死諫。所謂求仁得仁，約翰也因此鋃鐺入獄。

希律王想要殺他，只是心裡懼怕輿論——約翰在群眾心目中有著崇高的地位，被公認是來自上帝的先知。

希律王深知水能載舟，也能覆舟，雖然自己位高權重，呼風喚雨，但也沒有必要與民為敵。

為求名利，希羅底一意孤行改嫁給希律王。只是這施洗約翰太不懂情趣，阻擋了她邁向奢華的美夢。她對約翰恨之入骨，伺機在他身上公報私仇。

在希律王生日當天，希羅底的女兒在眾人面前跳舞。希律看了大樂，就應許會隨她所求的給她。女兒被母親指使，就請求施洗約翰的首級。

這回希律王落入進退兩難的局面，後悔嗎？大丈夫一言九鼎，何以對眾長官貴冑交代？實踐諾言嗎？又怕得罪了猶太人的百姓。在兩難之間，他的取捨是保持自己在眾官長貴冑面前保留面子。

一言興邦，一言喪邦。希律王落在自己話語的陷阱內，無法自拔。

即使心中憂愁，希律王仍因他當眾的起誓，最終還是吩咐人在監裡斬了約翰，將他的頭放在盤子裡，拿來賜給了女子，這女子拿去給她母親希羅底。

多少時候，男性因陷入情迷與肉慾之間，思想錯亂，為得美人心不惜胡亂許下自己不能承受的諾言。

做錯了抉擇,以致一失足成千古恨,抱憾終身,希律王便是一例。

最毒婦人心這句話難道是真的嗎?希羅底可以向王求榮華富貴,金錢利祿,這些不都是眾人所渴求的麼?但她偏要約翰的頭顱不可,這樣,唯一與她作對的人就被除掉了,她豈不是要風得風,要雨得雨嗎?

約翰的罪名是什麼呢?莫須有。

即使把他下在監裡,就是一大冤獄,更遑論索取了義人的性命。

希律王流無辜人之血的惡名,一輩子的跟著他。並作為他人生中的又一大汙點,世人不可不察啊。

十 為財出賣恩師耶穌的猶大

生活年份：西元一世紀

聖經記載：《約翰福音》12：6；《馬太福音》26-27

耶穌的門徒

耶穌公開活動的時候約 30 歲，主要是在羅馬帝國統治下的猶太地（當時的猶太省、加利利省和特拉尼可省。編註）並其中的耶路撒冷等。

在祂公開傳講天國的福音時，耶穌呼召門徒（即弟子或徒弟）跟隨祂，希望所宣講的真理可以傳承到萬代。一般來看，如果門徒背景亮麗、優秀，對傳承的事業作用更大。

但祂所招攬的，竟然大多是出身平庸的一芥莽夫；所挑選的 12 門徒當中有漁夫、稅吏、奮銳黨人（西元前後下層猶太人政治狂熱派的稱謂）等。猶大也成為耶穌的門徒之一。因"猶大"是一個常用的名字，所以以出生地來做區分，又稱他為加略人猶大。

耶穌呼召祂的門徒時，並沒有給出一個很冠冕堂皇或是天馬行空的願景，使他們趨之若鶩。反之，祂的教導的是：天國近了，人人都要悔改；來跟從我，我要使你們得人如得魚一樣。但對門徒來說，天國是什麼？有什麼好處，怎樣得到等，完全沒有概念。

或許因為他們本來就是一無所有，所以撇下一切跟隨耶穌並不太困難。再說如果真的走不下去，重拾本行，亦沒有什麼損失。

或許加略人猶大願意跟隨耶穌，也是基於這樣的考量，畢竟每個人都應當為他所作出的決定負責。事實上，除了這 12 位門徒，也曾有其他人加入，只不過後來不少人也因各樣理由而離開，安穩的做回從前的自己。

所以，猶大從一開始回應並跟隨耶穌，而且幾乎走到最後，程度上遠勝其他人。說不定當初的他滿腔熱誠懷著單純的理想，亦未可知。

出賣者

猶大有他過人之處,他有管理財務的能力,負責管理大夥的錢財,同時又深得同行門徒和耶穌的信任,是做個名符其實的出納和掌櫃。

"猶大是個賊,又帶著錢囊,常取其中所存的。"(參《約》12:6)

一個很奇怪的現象。有時候做壞事的人,都是有一定才華的,猶大有能力,又得到大家的信任,並且有權動用公款,這是他做壞事的必備條件,三者缺一不可。

或許猶大起初只不過是在金錢上有使用權及支配權。當大夥兒為天國理念忙得不可開交的時候,他就私拿一些公款來個公款私用。可悲的是,貪念一起若不立即制止,只會越演越烈,慾望的胃口只會越大。正如所羅門王說:"這貪念之心乃奪去得財者之命"(《箴》1:19),到頭來竹籃打水一場空。

當耶穌走到祂人生的盡頭,在最後晚餐上說,在 12 門徒中有一位將要出賣祂。其餘的 11 個門徒竟然懵然不知,相互查問,此人到底是誰?耶穌沒有當場說出他的名字。為了給出賣者一個悔改回頭的機會，當門徒們相繼追問耶穌是誰的時候，耶穌說："我醮一點餅給誰，就是誰。"耶穌就醮了一點餅遞給加略人西門的兒子猶大。

原來做壞事得要嚴守秘密，要臉色如常裝若無事，這樣才能不被察覺。在這個細節上，猶大做到了行事密不透風，行素如常——做了壞事，仍面不改容，甚至到了毫無良心的責備。

在跟隨耶穌這 3 年多以來，猶大的所作所為，耶穌當然是瞭如指掌。只不過是要給他悔改的機會：回頭是岸。只是猶大卻執迷不悟，在他做壞事的行徑上愈走愈遠。

所以當猶大接過耶穌遞給他的餅以後，撒但就進入了他的心，耶穌便對他說，你所做的快做吧。同席的人沒有一個知道是為什麼對他說這話。有人因猶大帶著錢囊，以為耶穌讓他去買過節用的東西，或是叫他拿什麼周濟窮人。猶大吃了餅立刻就出去，那時候天已經黑了。

猶大之吻

可憐可悲的猶大，竟然犯下了人類歷史上最不能被饒恕之事，而毫不自知。他出賣了他的良師益友耶穌。最後被後人世世代代唾罵，遺臭萬年。

原來猶大在暗地裡，早已經跟那些痛恨耶穌的猶太宗教首領們商議好，出賣耶穌———在某時某地，派士兵去捉拿耶穌。事成之後，猶大將得到 30 塊錢作酬勞。而猶大出賣耶穌的事，早在《詩篇》中就有預言："同我吃飯的人，用腳踢我"。(《約》13：18；《詩》41：9)

那晚，耶穌和其餘的 11 個門徒到了一個園子。正說話時，猶大帶著一隊兵，還有祭司長和法利賽人 (即猶太人的宗教領袖們) 的差役，拿著火把、武器。為了避免抓錯人，猶大給他們一個暗號說："我與誰親嘴，誰就是耶穌。"

猶大給耶穌的一吻，可稱為死亡之吻。親嘴作為當地禮節，本來是相親相愛之意，如今竟被猶大用來做為掩飾其狠毒，出賣良師益友的陰謀。假著要親愛的行為，卻給對方帶來殺身之禍。這種陰狠毒辣的手段，叫人毛骨悚然。

心是明燈

猶大對金錢的貪念，已經越來越大，到了喪心病狂的程度。他竟為了 30 塊錢，出賣與他親密同行 3 年多的良師益友耶穌，不顧一切，忘恩負義，六親不認。人與人之間的一切情義，在金錢面前，顯得如此的涼薄、脆弱以及微不足道。

這是拜金主義的一個例證。聖經說，"貪財是萬惡之根"（《提前》6：10），說的真有道理。猶大的行徑，活生生給我們上了一課，看清人與人之間的寡情薄義和冷漠無情。

當猶大的心被迷惑時，他就定意去行。原來一個人內心的品質對其言行、思想意念，起了關鍵性的作用。正如所羅門王曾說："你要保守你心，勝過保守一切，因為一生的果效是由心發出。"（《箴》4：23）這警世良言，不無道理。猶大無法分辨和拒絕敗壞的意念，任由惡念支配他。

心是人的明燈，如果我們的心被黑暗和邪惡所籠罩，後果不堪設想。

人生不歸路

猶大貪財的結局是這樣的。賣耶穌的猶大看見耶穌已經定了罪，就後悔。他把那 30 塊錢拿回來給祭司長和長老們說："我賣了無辜之人的血，是有罪了。"沒想到對方說："那與我們有甚麼關係？你自己承當吧。"

猶大就把那銀錢丟在聖殿裡，就出去吊死了。祭司長拾起銀錢來，說："這是血價，不可放在庫裡。"他們商議後，就用那錢買了窯戶的一塊田，為要埋葬外鄉人。所以那塊田在當時叫血田。

後來，11 個門徒中的彼得說："弟兄們！聖靈藉著大衛的口，在聖經上預言領人捉拿耶穌的猶大，這話是必須應驗的。他本來列在我們數中，並且在使徒的職任上得了一份。這人用他作惡的工價買了一塊田，以後身子仆倒，肚腹崩裂，腸子都流出來。"（《徒》1：16-18）

這就是猶大貪財的結局。雖然他最終還是後悔了，但又有什麼用呢？

其實耶穌一直有給他回轉的機會。耶穌甚至在被他出賣的那一刻，也沒有責備他，反倒說：

"朋友，你來要做的事，就做罷。"此時此刻，耶穌竟然還稱呼他為"朋友"。

猶大與耶穌二人，一個內心充滿貪婪，圖謀奸惡；一個是充滿慈悲，仁愛的師長，這形成了鮮明的對比。

猶大沒有把握住多次回轉的機會，最終走上不歸路。至於和他做這筆買賣的猶太人首領們，對於猶大的後悔，無動於衷，冷眼旁觀。他們之間的關係，只是停留在買賣之上。買賣交易完成後，互不拖欠，形同陌路，僅此而已。這是何等的現實，亦是何等的悲哀。

我們從猶大的故事，又得到了怎樣的教訓呢？

結語

到了本書的尾聲，相信讀者已經翻閱了本書的全部，並從書中了解到人性的真實面，他們沒有經過包裝，潤色，赤裸裸地呈現在讀者眼前，從而幫助讀者更好地了解和認識自己。

在人類歷史中，一代過去，一代又來。科學和知識雖然進步了，人們的物質和精神生活豐富了，但我們始終無法克服人性的弱點。我們一直活在紛亂和戰爭的世界之中。我們需要做的是學習如何與紛爭和混亂共處。

但現實又不是一切都那麼糟糕的，除了人性的問題以外，也有一些事情是值得我們去欣賞去享受。倘若有緣，我盼望在下一本的 "十個故事" 書中與你重逢。若讀者想與筆者互動，提出問題或者建議，歡迎在本書背頁提供的電郵地址與筆者溝通，無任歡迎。我們不見不散。珍重!

Milton Keynes UK
Ingram Content Group UK Ltd.
UKHW040233031224
451863UK00001B/16